PENSIERI POETICI

DI BARBARA MARIANO

Dedico queste poesie al mio amore,

che resta sempre un desideroso

Sogno della mia vita.

Barbara

"Così Hermmann Hesse ammetteva di sé: Noi viandanti siamo tutti così.

La nostra smania di vagabondaggio e di vita errabonda è in gran parte amore, erotismo. Il romanticismo del viaggio è per metà nient'altro che attesa dell'avventura. Ma per l'altra metà esso è un impulso inconsapevole a trasformare e a dissolvere l'elemento erotico. Noi viandanti siamo abituati a coltivare i desideri amorosi proprio per la loro inappagabilità... Noi liberiamo l'amore dall'oggetto, l'amore da solo ci è sufficiente, così come nel nostro vagare non cerchiamo la meta, ma solo il godimento del vagabondaggio per se stesso, l'essere in cammino".

(*Duccio Demetrio "Filosofia del camminare"* Raffaello Cortina Editore, Milano, 2005, pag. 136 – 137).

Prefazione

Queste poesie sono solo il frutto dei miei pensieri personali e del mio stato d'animo, durante il percorso della mia vita, nel quale ho aperto il mio cuore.

Le mie giornate sono sempre trascorse a lavorare e a studiare, così quando mi sento ispirata da qualcosa, come un semplice pensiero o quando provo un forte desiderio, scrivo una poesia. Dopo mi sento notevolmente meglio, più rilassata perché ho detto quello che sentivo dentro, senza ostacoli, liberamente, come se la poesia avesse una funzione per me quasi terapeutica.

Altre volte, invece, non sono pronta a scrivere neanche una parola, ho bisogno di staccare dall'intensa riflessione sul percorso della mia vita, altrimenti per me diventa troppo pesante.

Poi ritorno a scrivere, come una bambina piccola, che inizia a scrivere le prime volte.

Ritrovo di nuovo la necessità di farlo, di esprimere qualcosa e in questo momento, non ho nessun altro mezzo se non quello di aprirmi e comporre le mie poesie. Tutto mi viene spontaneo e veloce, è come una luce che mi abbaglia e quando provo forti sentimenti, li trasmetto sulla carta.

Queste poesie, scritte negli anni tra il 2016 e il 2018, nei posti dove vivo a Salerno quando mi trovo a casa durante le festività scolastiche e a Modena, dove ho insegnato nelle varie scuole, Filosofia, Scienze Umane e Tecniche della comunicazione. Le mie poesie parlano di me, delle mie emozioni, delle mie angosce e delle mie paure, ma anche dei miei desideri e della mia quotidianità.

Sono continue riflessioni poetiche, sulle esperienze del mio quotidiano, ad esempio quando devo partire per lavoro e lascio la mia amata città natia, provo emozioni, quando sono a scuola e vedo tanti ragazzi, che vivono situazioni difficili e che affrontano il loro destino, purtroppo a volte anche triste.

All'interno del libro ci sono due poesie particolari e intense, come nella poesia L'alunna, dedicata a una ragazza di quindici anni, alunna che frequentava il Liceo Morandi di Finale Emilia, al secondo anno scolastico e non era una mia alunna ma faceva parte dell'ambiente scolastico dove io insegnavo. Quest'alunna di soli quindici anni è morta per una brutta malattia incurabile, che mi ha toccato per l'addio ad una vita così velocemente, anche se non la conoscevo personalmente ma di lei ho visto solo una fotografia affissa ai muri della scuola.

Un'altra poesia, Mamma, riguarda sempre il tema triste della morte, questa volta è una giovane madre che lascia i suoi figli, anche lei sofferente per una brutta malattia, che l'ha resa ormai terminale. Un mio alunno del quinto anno, dell'Istituto Professionale Cattaneo/Deledda di Modena, ha dovuto affrontare quest'orrenda situazione, durante gli Esami di Stato e dovrà conviverci per tutto il resto della sua vita.

Altre mie riflessioni spaziano in altri campi, toccando il tema dell'arte, che per me è molto importante, per tutto il mondo di cui è composto, come i colori, le immagini, le forme, le varie interpretazioni degli artisti, le sfumature, così come la musica perché senza di essa non ci sarebbe ritmo nella mia vita e in quella degli altri.

Le mie giornate passano veloci e in esse sento il profumo dei fiori, dei sapori, durante le stagioni estive e invernali, assaporando la natura, come si evincono nella poesia Oh sole, in cui penso all'importanza del sole che ci dona calore, ci riscalda ogni giorno e ci illumina durante le giornate della nostra vita, e nella poesia Oh luna, anche in essa penso all'importanza della luna che risplende tra le stelle, nel cielo buio sopra di noi, sempre così romantica quando la guardo lassù.

Le mie passeggiate in riva al lago, nella poesia Lago di Garda o le Acque del lago, esprimo ciò che vedo e sento semplicemente, di un posto nel quale forse non tornerò mai più.

Nei caffè, dove mi fermo qualche volta a prendere un buon caffè e a riposarmi, come nella poesia Caffè verdi o In questo caffè, le parole scivolano sulla carta per ricordare sempre i miei pensieri poetici.

Tante e tante poesie, nelle quali cerco sempre la verità, contemplo i miei pensieri e i miei sentimenti, la voglia di vivere ancora, nonostante la tristezza del mio animo, le delusioni nella mia vita che ho provato, cercando di descrivermi dentro.

Altri pensieri poetici comunicati nelle mie poesie, riguardano la descrizione di posti e luoghi, dove sono andata con gli amici, nei quali mi sentivo estranea ma affascinata allo stesso tempo, perché erano posti che non avevo mai visitato prima. Anche la descrizione di persone come nella poesia La vecchietta, esprime il cambiamento e il divenire della natura o la descrizione di un oggetto, come la televisione, un mezzo di comunicazione di massa così potente da intrattenere ogni giorno, milioni di persone, che persuade e ci fa compagnia soprattutto alle persone sole.

La mia mente non si ferma solo alla descrizione ma si apre anche al processo dell'immaginazione, come quando mi trasformo in una strega, nella poesia Cattiva, giocando con il personaggio che mi diverte e mi fa ridere o come la poesia, l'Animale, nella quale immagino che un animale aggressivo si muove con istintività e possa azzannarmi, e m'incute paura.

Di certo nelle mie poesie, non può mancare il desiderio dell'amore, sognato, del sentimento e del brivido nel pensare a persone che fanno parte della mia vita o di pause di riflessione nelle quali mi fermo, come nella poesia Stop, perché ho bisogno di un attimo di respiro e di staccare da una vita che mi stressa o da situazioni noiose.

Lascio al lettore l'interpretazione delle mie poesie, che vorrei leggesse, perché i loro commenti per me sono molto preziosi, sia quelli negativi poiché fanno sicuramente crescere e riflettere maggiormente, sia quelli positivi perché danno felicità se piacciono i miei pensieri, che rilevo

ulteriormente sono solo il frutto dei miei sentimenti personali e spontanei, che ho deciso di lasciare al mondo e condividerli con gli altri, augurando una buona lettura.

Modena, 20.01.19

Barbara Mariano

Fine estate

L’estate è quasi finita
ed io mi sento smarrita
mi manca il mare in movimento
il suo profumo è un rimpianto.

La scuola oggi è iniziata
aspetto la loro chiamata
i ragazzi tremiti tra i banchi
sembrano tutti già stanchi.

Pellezzano, 15.09.16

Ragazzo

Sei già grande
oggi compi la maggiore età
eppure mi ricordo di te
piccolo tra le mie braccia,
mi accorgo di quanto il tempo
passa in fretta,
passa e se ne va.
Sei già grande
ma non mi stancherò mai
di dirti che per me
sei l'amore più grande.

Pellezzano, 15.09.16

Estate

Le giornate trascorse al mare
sono ormai lontane
resta solo un intenso ricordo
del sole forte che tocca la pelle,
dell'acqua salata che rinfresca
i ragazzi che giocavano
in riva al mare,
la sabbia che infastidiva
un libro mi faceva compagnia,
mentre aspettavo di fare
un altro bagno a mare.
L'acqua fresca mi affrescava
una nuotata per esercitare il fisico
mi accompagnavano
lungo la giornata.

Pellezzano, 19.09.16

Partire

Domani parto
vado nell'ignota città di Modena
lascio di nuovo
il mio paese natio,
per recarmi in un luogo
sconosciuto,
quasi ostile verso di me.

Non so ancora
cosa mi aspetterà lì
avrò freddo
andrò di fretta
sarò impegnata
resterò sola,
ma almeno sarò felice
di avere un buon lavoro
e di fare altre esperienze.
Mi mancherà la mia casa
ricorderò con tristezza
l'attenzione dei miei cari,
mentre il pulman mi porterà via,
piano piano,
lontano dalla mia amata Salerno.

Pellezzano, 17.09.16

Lontano

Ora tutto è lontano da me
vedo la strada con lo sguardo,
lunga, buia, triste,
il mio amore per la cultura,
per il sapere, per lo studio
mi hanno portato via.
Questo percorso difficile,
tempestoso, pieno di spine
tanto intenso da farmi sentire
la stanchezza,
mi fa nascere riflessioni
per le cose più belle.

Nel silenzio sento il respiro,
il battito del mio cuore,
i movimenti del mio corpo.
La mente ritorna
Alla casa materna,
al calore familiare,
ai miei cari,
così lontani fisicamente
ma eternamente
presenti e vicini
nel mio cuore.

Pellezzano, 20.09.16

Piove

Si sente l'arrivo dell'autunno,
la pioggia cade in fretta
sta bagnando tutto.
Vorrei uscire e farmi bagnare,
per sentire la goccia scendere
e toccare la mia pelle.

Vorrei bere l'acqua
quando scende dal cielo
e ringraziarlo perché
ci dona un bene così prezioso.
Penso a tante persone
che soffrono la sete,
che non hanno acqua.

Vorrei esprimere la mia felicità
quando l'acqua mi bagna il viso,
scivola sui vestiti
mi dà fastidio,
penso che sono fortunata
perché conosco l'acqua,
che dona la vita.

Pellezzano, 20.09.16

Scuola

Attendo dalle due e trenta,
per la convocazione della cattedra,
un attesa stancante,
in piedi ad aspettare
insegnanti in cerca di lavoro
aspettano come me,
il momento della chiamata,
dopo tante ore,
non so ancora il mio destino.
Vengo chiamata
intorno alle diciannove,
ho scelto una cattedra
in centro,
in due scuole diverse.
Sono contenta, tanto felice
ho ottenuto il mio traguardo.

Modena, 29.09.16

Autunno

Silenzioso sei arrivato
cadono le foglie
la pioggia bagna le case,
sulle strade sorgono le pozzanghere,
sento forti brividi di freddo.
L'aria fresca del mattino,
il giorno trascorso a lavorare,
cala la sera,
nostalgica primavera.

Modena, 10.10.16

I miei alunni

Attenti nei banchi
ad ascoltarmi,
le argomentazioni sociali,
sono piccanti
opinioni e discussioni
nascenti,
sguardi stanchi,
paura negli occhi,
di chi ha una vita segnata,
che aspetta il momento
di vivere e spera
nel futuro che verrà.

Modena, 10.10.16

L'alunna

Non ti conoscevo
ma avrei voluto farlo
ti ho immaginata,
eri come le altre mie alunne,
della classe seconda.
La tua vita appesa ad un filo,
l'esistenza svanita
di un'anima pura.
Vola nell'aria un palloncino,
sei tu che sei andata via,
ci hai lasciato,
non sei più in mezzo a noi.

Una vita spezzata in tenera età
ma il tuo sorriso,
la tua esistenza
saranno per noi
sempre il simbolo
della grandezza
e della bellezza di un angelo,
volato via nel cielo,
che ci guarda da lassù.

Modena, 10.10.16

Gioco di gruppo

In gruppo nella classe,
presenze di culture diverse
ragazzi bruni che vengono dall'Africa,
con tratti asiatici e i capelli lunghi,
c'è un ragazzino disabile,
non tanto alto e con gli occhiali,
che osserva mentre i suoi amici giocano.

Grida, chiarimenti,
piccoli suoni sonori,
battito delle mani sul banco,
risa strazianti di chi si diverte,
parole continue,
che si trasmettono tra di loro.

Chi urla per farsi sentire
e per avere ragione,
ma non so se la sua richiesta
è stata capita e compresa dagli altri.
Ragazzi modesti, semplici,
vestiti con jeans e maglietta,
con cappellini sportivi
e scarpe da ginnastica.

Il tempo passa in fretta,
quando si sta bene
tra amici di classe.
L'ora è finita,
è suonata la campana.

Modena, 28.10.16

Natale

L'arrivo a casa era desiderato,
da tempo non aspettavo altro,
ritrovo la mia mamma
felice di vedermi,
con le lacrime agli occhi,
mi bacia e mi fa entrare in casa.

Mio padre sempre assente,
si sente la sua mancanza
tutti i giorni,
ma soprattutto durante
le feste natalizie,
mi manca il suo dono
sotto l'albero,
da scartare a mezzanotte,
il cin cin degli auguri,
di un nuovo anno 2017,
bere spumante e stare insieme.

Nella vita,
non si può avere tutto
ma penso sempre
alla bellezza dell'essere.
Il pensiero della sua lontananza,
mi rattrista il cuore
è una cupa esperienza
della mia esistenza.

Modena, 15.01.17

Esami si Stato

Ricordo quando li ho fatti!
E' passato tanto tempo d'allora,
fa un caldo africano
ma c'è il ventilatore
che gira e rigira,
porta aria fresca.
Sono rimasti nell'aula
pochi ragazzi,
sta terminando la terza prova d'esame.
Ora mancano solo gli orali
e i ragazzi sono quasi diplomati!
Sono contenta per loro!

Modena, 26.06.17

Mamma

Mamma sei andata via
in un momento così importante
della mia vita,
gli Esami di Stato,
non ricordo più niente,
ho un vuoto dentro,
tutto mi sembra inutile
a cosa serve, senza di te!
Già mi manchi così tanto mamma,
ho solo ventuno anni,
io avrò sempre bisogno di te,
sei andata via dal mondo
troppo presto.
Ciao mamma!

Modena, 03.07.17

Riparto

Parto di nuovo
lascio la mia cara città,
si rattrista sapendo
che mi allontano.
Parto e riparto di continuo
vado e vengo
mi allontano e poi ritorno,
lei così piena e stanca
profuma del sapore del mare,
del calore familiare,
degli amici che fanno festa,
dell'amore che qui resta.
Riparto per ritrovare me
e insegnare ai miei alunni
le Scienze dell'Educazione,
a parlare, comunicare,
discutere delle esperienze
della nostra vita.

Pellezzano, 12.09.17

In the night

Ho fatto tutto quel ho potuto,
aspettato, pregato
ho parlato da sola,
gridato nel buio della notte,
nel silenzio mentre tutti dormivano,
solo la mia voce si sentiva,
disturbava,
la mia anima non era tranquilla,
scoppiava nelle grida,
nei pianti, pur di vederti
e di stare con te.

Pellezzano, 12.09.17

Stile libero

Che penso a fare
se il mondo va
come vuole
tutto gira intorno a me,
sento solo la musica
in questo momento,
bevo un bicchiere
tutto passa e
domani si ricomincia.

Modena, 30.09.17

Dove sei?

Tu non ci sei
vorrei però che tu ci fossi,
siamo lontani
con la mente e
con il cuore
le cose vanno così,
non posso farci niente.
Stanotte so che
non passerà facilmente
sarà il mio sogno proibito,
il mio incubo da dimenticare.

Modena, 30.09.17

Tristezza

Mi annoio
sono triste ma non
ne ho il motivo,
dovrei essere contenta
insegno Filosofia
a tanti ragazzi,
adolescenti che
cercano di sapere
conoscere meglio la vita,
interpretare il mondo,
avere alcune idee
da mettere in pratica.

Modena, 30.09.17

In un attimo

In un solo istante
riesco a scrivere
tutto ciò
ma non riesco
a fermare i miei pensieri,
che corrono veloce
come un auto in pista.
Vorrei fermarli,
rilassarmi con la mente
e non pensare più.

Modena, 30.09.17

Pensiero

La mia mente va,
non si ferma
i miei pensieri
si muovono veloci
come il fruscio
delle acque di un fiume,
sento i miei pensieri
come il divenire
della natura,
il cambiamento
delle giornate,
il soffio tremendo
del vento.

Modena, 30.09.17

L'animale

Privo di ragione
senza pensare
agisce con istinto.
Mi chiedo se è normale!
avanza in silenzio,
mi stringe,
mi guarda,
pronto per azzannarmi
in un boccone.
Adesso mi mangia,
non posso ribellarmi
è più forte di me.

Modena, 30.09.17

Music

E' solo un ritmo
incessante,
una melodia che sento
nella mia mente,
ora mi riposo
dalla settimana,
oggi è domenica.
Ma la musica c'è,
la sento, l'ascolto,
mi muovo e vorrei fare
qualcosa di veloce,
camminare,
andare dove non sono
mai andata, per cercare te.

Modena, 30.09.17

Estasi

Se ti penso intensamente
entriamo in simbiosi
vedo una luce immensa,
che mi acceca,
ti sento vicino e
mi sembra di raggiungerti
ma quando cado in estasi,
mi avvicino a te e diventiamo
un'unica cosa.
Poi mi sveglio,
mi accorgo che sono
ancora nella realtà
brutale,
crudele,
fredda.
L'estasi con te,
è il calore,
la passione,
l'amore che cerco
e che mi compensa.

Modena, 30.09.17

Stop

Sono caduta nel baratro,
nel buio più cupo
avevo paura
di morire dentro.
Mi sono fermata!
- STOP –
Osservo tutto intorno a me,
è una realtà
che scorre e diviene,
ma non mi pensa.
- STOP –
E' ora di andare
di muovermi,
per ritrovare la serenità,
la tranquillità del'animo.

Modena, 16.10.17

Silenzio

Tutto questo rumore
talvolta mi disturba,
cerco il silenzio.
Non parlare,
le tue parole
mi passano inosservate.
Ascolto solo me,
nel cuore
della mia anima,
nel silenzio notturno.
Cerco me,
quello che voglio,
che sono.
Mi ritrovo ad ascoltare
la mia voce,
che mi dice di tacere,
è solo quello che faccio
ciò che conta,
quel che sarò.

Modena, 16.10.17

Art

E' un disegno astratto
che mi viene in mente,
spontaneo,
con la voglia di potermi
esprimere come voglio,
liberamente.
E' una statua
con forma armonica,
a cui ho dato vita.
E' una foto,
che esprime la bellezza
della vita,
unica e irripetibile.
E' un dipinto,
ricco di colori,
sfumature,
che vorrebbe parlare
per trasmettermi
una visione positiva della realtà.

Modena, 16.10.17

Astratto

Come un disegno
con il carboncino,
una frase scritta
in fretta,
senza pensarci troppo,
una canzone forte
che colpisce l'anima,
fa battere il cuore,
così il mio pensiero
è astratto
e arriva lassù,
al di sopra delle nuvole,
per scorgere l'immenso,
l'infinità dell'essere
che ci circonda,
per un fine,
uno scopo preciso,
Ma cosa?

Modena, 16.10.17

Stress

Sono sempre in movimento,
non mi fermo un attimo,
vado avanti e indietro,
a piedi e in bici,
girando la città,
per raggiungere la scuola,
i miei alunni
che mi aspettano.
Leggo e studio,
correggo compiti,
preparo lezioni,
sono sempre in movimento
sono felice di esserlo,
ma a volte vorrei fermarmi,
trovare la quiete,
un momento per rilassarmi
e poter staccare con la mente.
Sono stressata!

Modena, 16.10.17

Veritas

Cerco la verità
nel mio cammino
mentre entro
nel fitto bosco,
lo percorro
e ho paura del buio,
di un altro mondo.
Inizio a correre veloce,
per uscire fuori,
ricerco la luce,
la veritas assoluta.

Modena, 21.10.17

Voglio vivere

Stasera usciamo
ci vediamo
dove andiamo?
Al cinema o a cena,
Bah…quel che conta è
Stare insieme a te…

Ok partiamo,
in macchina con la radio
o camminiamo
mano nella mano
ma l'importante è
che ci vediamo
anche solo un attimo.

Potremmo anche
fare un giro in moto,
sentire in faccia
l'aria fresca,
fermarci poi al bar
per bere un semplice caffè,
ma quel che importa
è sempre stare
insieme a te!

Modena, 21.10.17

La vecchietta

Scende lenta per le scale,
con la sua spesa in mano
ormai gli anni sono passati,
volati in gran fretta,
non passano però
i ricordi felici dell'infanzia,
quelli di quando eri ragazza,
sono impressi nella mente
e non andranno mai via.
Forse saranno più intensi
quando il tuo corpo
diventerà maturo
ma nulla potrà cambiare
quello che è stato
nel tuo tempo passato.

Modena, 21.10.17

Gloria

Quante parole tra le persone,
discussioni, disaccordi,
interessi infiniti.
Sento la felicità dell'anima,
solo pensando al mio Signore,
che mi illumini
e mi dai la forza.
Riesco a camminare,
per la mia strada.
La tua gloria vive in me,
è dentro di me.
In ogni attimo
della mia vita,
dedico tutto a te Signore,
per il dono immenso
della tua forza
e il continuo intravedere la luce,
gloria dei miei giorni.

Modena, 21.10.17

Oh luna

Di notte brilli nel cielo
ti aspetto alla finestra,
tra le stelle
sei quella più luminosa
senza di te
le serate sono vuote,
tu le rendi passionali.
Sento un brivido caldo
quando ti vedo
una melodia serena
ti accompagna,
vorrei toccarti,
prenderti tra le mani,
stringerti tra le braccia,
vedere ogni notte
la tua luce,
che ci avvolge
e ci illumina,
cullando i nostri sogni.

Modena, 24.10.17

Che noia

Mi prendi
e non mi lasci
vorrei che te ne andassi,
non so che fare
durante il giorno,
leggo pagine di Filosofia
la solita giornata
a studiare,
pensando agli impegni
della quotidianità.
Mi annoio
faccio sempre
le stesse cose,
parole, attese,
nessun amore
questa è la verità
del nulla,
nella mia drastica vita.

Modena, 24.10.17

Television

Noi guardiamo la TV
scegliamo i programmi
cambiamo canale,
notiamo tanti disastri,
lontani e vicini,
ci rattristiamo
vedendo un film,
ridiamo per una commedia
o quando un comico
ci fa ridere
con una sciocchezza.
Noi guardiamo la TV
e senza saremo persi,
ormai è diventata
una di famiglia,
che ci accompagna
tutti i giorni.

Modena, 24.10.17

Today

Oggi mi sento triste,
fuori piove,
sento la pioggia che cade,
la malinconia mi prende
e non mi lascia andare
i miei cari sono lontani,
qui sola sono persa
tra le mie mura.
Ricordo i giorni felici
trascorsi insieme,
i loro volti sono impressi
nella mia mente,
non passa un attimo
senza pensarli.
Today vivo con la malinconia,
del focolare domestico.

Modena, 25.10.17

My life

Un semplice fiore
nasce, cresce e muore,
è come la mia vita
vissuta, cambia e va
dove non voglio andare,
i giorni quando passano
volano veloci.
Resta solo quello che ho fatto,
il resto non conta
è perso,
è solo un'idea
svanita nel nulla,
di un tempo lontano,
che non può più tornare.
Vivo la mia vita
involontariamente
senza un perché,
so solo che l'ho vissuta
e di questo sono certa.

Modena, 25.10.17

Oh sole

Quando tramonti
il cielo cambia colore,
si sfuma di rosso e di rosa,
cadi nell'orizzonte del m are
scompari nell'infinito
ma ogni giorno risorgi,
più forte di prima
e resisti a tutto,
senza spegnerti mai.
Riscaldi il nostro corpo
doni la tua splendida luce
al mondo e grazie a te,
possiamo vedere
e compiere le nostre azioni.
Oh sole di fuoco
la tua potenza è immensa
sembra guardarci
per dirci: Ricordati di me!

Modena, 31.10.17

Profumo

Nell'aria il dolce
profumo di rose
si sente quando
attraverso il giardino fiorito,
il vento lo porta con sé,
insieme alle notizie
che mi rincuorano.
Nel giardino noto
le stelle dai mille colori,
essenze diverse
rinfrescano l'aria,
mi fanno compagnia
tutti il giorno.
Il divenire del seme
in bocciolo,
poi in fiore,
infine, in pianta.
Maestosa sei tu natura,
che senza acqua non cresci,
ti innalzi al cielo
come sue creature,
fonte di vita
che respira
e l'uomo ti contempla,
avvolto nelle tue fragranze,
cercando di capire
il mistero del mutamento,
che lo circonda.

Modena, 10.11.17

Cattiva

Se mi guardo allo specchio
vedo una strega,
gli occhi spalancati
e sotto le occhiaie
le guance bianche,
la bocca parlante,
adirata con il mondo,
urlo tanto fino
a farmi sentire.
Ohhh Ohhh…..
Stasera sono danni,
giuro che rompo tutto,
si salvi chi può,
statemi alla larga,
è la notte delle streghe!
Divento aggressiva
le unghie affilate
rosse perlate,
capelli neri
e cappello appuntito,
vestita di nero,
cammino nel bosco,
sbrano chi incontro,
sta arrivando lo scontro.
Stanotte si compie
il sortilegio.
Questa è la mia notte
quella delle streghe.
Sono cattiva!

Modena, 31.10.17

Stasera

Portami lontano
dove ti batte forte il cuore,
nel cielo brilla la luna piena,
di notte non dormo
giro e rigiro,
nel letto di fuoco.
Il caldo afoso
mi rende nervosa,
portami al fresco
dove posso ascoltare
le cicale cantare,
vedere le onde del mare
e i gabbiani volare.
Portami con te, via
dove possiamo amarci
stare in silenzio
lontani da tutti,
per ritrovare noi.

Pellezzano, 08.08.17

Non esisto

Aspetto con ansia
alla finestra il tuo arrivo
cerco nella strada
ma non ti trovo,
piove e il freddo
mi fa rabbrividire,
ritorno a guardare.
La lunga strada
buia, bagnata,
come le attese infinite,
di te che non arrivi,
per te non esisto.
Eppure ti cerco
ma continui
a lasciarmi sola,
in questa notte
gelida d'inverno.

Pellezzano, 28.12.17

Prato fiorito

Una sera d'inverno,
mi ritrovo in un prato fiorito,
di tulipani rossi, gialli e blu.
Gli uccellini ridono
dalla felicità,
l'erba verde mi circonda
è una dolce culla
dove posso riposare.
Sento la tranquillità,
nel vento suonante,
il mio corpo resiste,
restano i pensieri
colorati, mentre
le voci volanti
penetrano nella
mia anima.

Pellezzano, 30.12.17

In questo caffè

Seduta in questo caffè
vorrei aspettare te
chissà dove sei.
Chiudo gli occhi e ti vedo
è un miraggio di sole,
la brina profumata del mare,
domani è un altro giorno buio.
Mi tormenta la speranza
di vivere le miei giornate,
interminabili minuti
in solitudine,
attraversano la mia vita,
ricca di sogni
e desideri incessanti.
Sento il mio cuore
battere ancora,
a ritmo di musica.

Modena, 17.01.18

Le acque del lago

Dolci e tiepide acque
trasparenti correnti
coperte di venticello,
si muovono leggermente
tra i monti bruni.
Si scorge il porticciolo,
con le ferme e forti barche,
di fonte il lungo passeggiare
tra le folti chiome verdastri,
quel ramo del Lago di Como,
sostiene leggiadri uccellini.
Danzano le paperelle
con i loro piccolini,
si bagnano muovendosi
nei dintorni delle dolci acque,
come l'andare della folla
gremita di gente,
spensierata si allontana
lungo il viale musicante.
Aspettando il calore del fuoco,
ritorno nel cuore
di uno spazio caldo già noto,
con aria ricca di poesia,
sfavillante di natura infinita.

Modena, 04.06.18

Lago di Garda

Nel dolce profumo
delle tue acque
circondate dalle alture,
si vedono casette
sparse qua e là,
col maestoso verde,
si riflettono nel celeste
dello splendido paesaggio.
Di fronte sul viottolo,
il passeggio è continuo,
persone indifferenti
sussurrano tra loro,
giovani straiati
si amano al sole,
il cagnolino corre
le paperelle galleggiano
in gruppo.
I musicisti suonanti
accompagnano
il nostro cammino,
nella fremente orchestra,
mentre i colori sbiaditi
del tempo che va,
ci chiamano per il ritorno.

Modena, 16.05.18

Notte d’estate

Questo è il momento
l’attimo che aspettavo,
seduta al tavolino
del solito caffè,
legato al mio triste passato,
un bicchiere di vino bianco,
ritmo di musica incessante,
tanto giovani a ristorarsi
uniti a bisbigliare,
odo i sospiri dei sognatori.
I colori mi parlano
il divertimento si fa sentire,
in una notte d’estate
fresca e tenera,
osservo sola il luogo,
sento di essere felice,
nella semplicità assoluta.
La musica mi stimola
ma la voglia di dormire
mi pervade interamente.

Salerno, 14.07.18

Classe 5 D

Quegli occhi attenti
ad ascoltare,
silenzi abissali
pianti dolorosi,
tristezza e sorrisi
incessanti,
lungo la strada
camminata insieme.
Trascorso l’anno
ci ritroviamo qui,
per l’ultimo saluto,
brindiamo la fine,
nella semplice cena.
Il tempo è volato,
il percorso passato
è stato pieno do ostacoli
da superare,
i vostri insegnanti,
con gli occhi lucidi
hanno tanta voglia di urlarvi,
le ultime parole:
E’ finita andate.
La vita fuori vi attende,
il cammino futuro
è ancora più difficile
ma ricordatevi sempre,
di coltivare
la felicità dell’anima.

Modena, 04.06.18

Dolce malinconia

Toc Toc!
Entra senza
farsi sentire,
pervade l'intera
mia esistenza,
tocca il mio fragile cuore,
inutile cercare
di allontanarla,
è arrivata e con
tutti i miei sforzi,
non se ne va.
Vorrei essere felice,
convivo con la mia malinconia
e silenziosamente
attendo il trascorrere
delle lunghe giornate,
di attimi interminabili.

Modena, 25.11.18

Caffè Verdi

E' solo un altro
bicchiere di vino bianco
che accompagna
l'arrivo della notte.
La musica non manca
tra le dolci note melodiche,
che si sentono
nel cuore spezzato,
dalle tante delusioni.
Ma va bene così
quel che conta ora
è andare a dormire,
per sognare sempre te.
Nel sogno ci sei tu,
mi sei vicino
mi abbracci,
ti sento mio.
Adesso vado via,
fumo l'ultima sigaretta
con un goccio di vino,
per salutare
questa gelida serata.

Salerno, 30.12.18

Indice

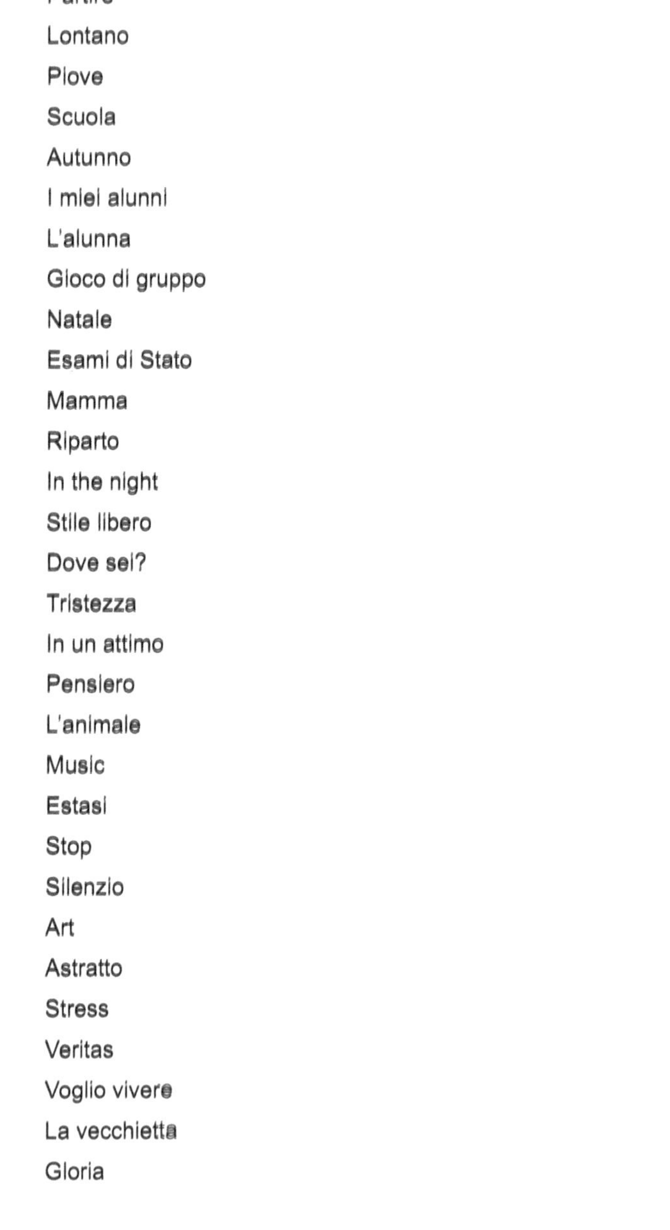

Oh luna

Che noia
Television
Today
My life
Oh sole
Profumo
Cattiva
Stasera
Non esisto
Prato fiorito
In questo caffè
Le acque del lago
Lago di Garda
Notte d'estate
Classe 5 D
Dolce malinconia
Caffè Verdi.

www.ingramcontent.com/pod-product-compliance
Ingram Content Group UK Ltd.
Pitfield, Milton Keynes, MK11 3LW, UK
UKHW021644190726
13853UKWH00001B/48

9 788898 257676